SÉRIE ESSENCIAL
ACADEMIA BRASILEIRA DE LETRAS
Diretoria de 2014
Presidente: *Geraldo Holanda Cavalcanti*
Secretário-Geral: *Domício Proença Filho*
Primeiro-Secretário: *Antonio Carlos Secchin*
Segundo-Secretário: *Merval Pereira*
Tesoureira: *Rosiska Darcy de Oliveira*

COMISSÃO DE PUBLICAÇÕES
Alfredo Bosi
Antonio Carlos Secchin

Série Essencial | Concepção e coordenação
Antonio Carlos Secchin

Produção editorial
Monique Mendes
Revisão
Vania Maria da Cunha Martins Santos, Paulo Teixeira Pinto Filho,
João Luiz Lisboa Pacheco, Sandra Pássaro
Projeto gráfico
Estúdio Castellani | Imprensa Oficial do Estado de São Paulo
Caricaturas
J. Bosco

Catalogação na fonte:
Biblioteca da Imprensa Oficial do Estado de São Paulo

So11   Soares, Cláudio de Souza, 1969-.
          Alberto Santos-Dumont, cadeira 38, ocupante 2 / Cláudio de Souza
        Soares – Rio de Janeiro : Academia Brasileira de Letras; São Paulo :
        Imprensa Oficial do Estado de São Paulo, 2014.
        68 p. ; 19 cm – (Essencial; 81)

          ISBN 978-85-401-0133-3

          1. Santos-Dumont, Alberto, 1873-1932. I. Título. II. Série.
                                                        CDD B869.92

Esta edição adota o novo *Acordo Ortográfico da Língua Portuguesa*.

SÉRIE ESSENCIAL

SANTOS-DUMONT

CADEIRA 38 / OCUPANTE 2

Cláudio de Souza Soares

ACADEMIA BRASILEIRA
DE LETRAS

imprensaoficial
GOVERNO DO ESTADO DE SÃO PAULO

Santos-Dumont

Cláudio de Souza Soares

I

A legenda que acompanha a cena congelada em um selo húngaro de 1977, em que a efígie de Alberto Santos-Dumont aparece sobreposta ao desenho do seu balão dirigível, o Número 5, que singra um céu parisiense surpreendentemente azul, pouco depois de circum-navegar a Torre Eiffel, indica:

1 Ft Magyar Posta, 1977. Alberto Santos-Dumont (1873-1932). HUNGRIA – CIRCA 1977. A stamp printed in Hungary from the "Airships" issue shows Alberto Santos-Dumont and airship Balloon N.º 5 over Paris, circa 1901.

Sabemos que poucos minutos separaram esta cena (reproduzida de uma foto histórica) do acidente que quase matou o inventor brasileiro em 8 de agosto de 1901. O texto, o desenho, o selo e sua origem logo me lembram uma frase que caberia muito bem como epígrafe deste opúsculo:

O destino fatal que advém, segundo leis irrevogáveis, da sua natureza, do seu caráter...

Dita em húngaro, língua sem ditongos, que possui uma riqueza e extrema variedade de vogais (15, para 24 consoantes), essa expressão, esse vaticínio, adquiriria certamente um ar mais áspero, intransigente e trágico. Não é por acaso que seu autor, um dos maiores escritores da língua magiar, poeta e cronista das sutilezas da memória, Sándor Márai, "o cronista perspicaz de um mundo em colapso", como o definiu certa vez o jornal francês *Le Monde*, afirmava que "não só as coisas acontecem com as pessoas. O homem e o seu destino seguram-se um ao outro, evocam-se e criam-se mutuamente".

Portanto, não é verdade que o destino entre cego na vida dos homens, cada um de nós gera também aquilo que nos acontece. O destino, inclusive o fatal, só entra pela porta que nós mesmos abrimos, convidando-o a passar.

Existe um princípio de conexão entre os diferentes pensamentos ou ideias da mente humana e que, quando se apresentam à memória ou à imaginação, se inserem mutuamente com certo método de causa, efeito e regularidade. Portas, destinos, ideias, memória e imaginação. Nada neste mundo pode explicar melhor uma realidade do que suas próprias causas.

A História (que como toda ciência deve buscar suas causas), como afirmou certa vez Alberto Santos-Dumont, não se escreverá senão com o recuar do tempo, com os fatos e documentos.

A partir de um movimento ousado do espírito, devemos atravessar as portas que nos separam dos acontecimentos e então ponderarmos sobre suas chances (inclusive as fatais) tal como se apresentavam às vésperas de sua realização.

Apesar desse "deslocamento ousado do espírito", sabemos que, ainda assim, não há como abandonarmos nosso próprio tempo. As perguntas que queremos responder sobre Alberto Santos-Dumont, um homem do mundo, e à frente de seu tempo, dizem respeito também ao nosso próprio tempo.

A primeira porta que abriremos deverá nos levar ao ano de 1931.

***

Em março de 1931, havia três vagas abertas na Academia Brasileira de Letras, com a morte dos membros fundadores Silva Ramos, Graça Aranha e Dantas Barreto. As inscrições para concorrer à vaga de Silva Ramos já estavam encerradas. Na eleição de 25 de abril, concorreriam os escritores Alcântara Machado, Pereira da Silva, Múcio Leão, Francisco Eiras, Sebastião de Souza e Raphael Pinheiro. À vaga de Dantas Barreto, o candidato único seria o coronel Gregório da Fonseca, chefe da Casa Civil da Presidência da República.

Mas era na vaga aberta da Cadeira 38, com a morte do futurista maranhense José Pereira da Graça Aranha, que acontecia algo inédito. Pela primeira vez, na existência de pouco mais de três décadas do principal cenáculo das letras nacionais, seria feita a sucessão de um dos seus membros por um processo diferente dos que habitualmente lá se realizavam. É que um dos postulantes à vaga se projetava com tal relevo em todos os domínios da ciência e da cultura humana que dificilmente se poderia compreender que sua eleição se processasse pelos mesmos métodos burocráticos e quase silenciosos a que já se habituara a Casa.

O candidato era Alberto Santos-Dumont. Poucos dias antes do encerramento das inscrições, competiam os escritores Menotti del Picchia, Homero Pires e o general Manuel Liberato Bittencourt. O jornal carioca *A Noite* erguera, desde o primeiro momento, campanha pela candidatura de Alberto Santos-Dumont, que, relutante a princípio, acabou por ceder, enviando no dia 9 de março sua carta de inscrição.

Antes, um plebiscito, aberto pelo jornal entre os acadêmicos para saber como seria recebida a inscrição de Santos-Dumont, despertou um interesse fora do comum em todos os centros culturais brasileiros. O pernambucano Emídio Dantas Barreto, marechal de exército, historiador militar, era um exemplo dos que entraram para a Instituição como expoente de sua classe. Grandes e meritórios foram os serviços que havia prestado ao país. João do Rio desistiu de sua candidatura à vaga aberta com a morte de Joaquim Nabuco por entender que não ficava bem competir com o oficial que havia feito a campanha de Canudos e se especializara em narrativas militares. Graças ao mesmo critério, a Academia Francesa abrira suas portas a Ferdinand Foch e Joseph Jacques Césaire Joffre, grandes marechais que comandaram os exércitos aliados na guerra de 1914.

Dantas Barreto, poucos dias antes de sua morte, ao ser perguntado por repórteres de *A Noite* sobre como recebia a notícia da candidatura de Santos-Dumont, havia declarado:

Nada terei a acrescentar aos justos conceitos já expedidos por vários acadêmicos na apreciação dos méritos e da grandeza de Santos-Dumont. Se a Academia é uma expressão da cultura e da ciência, como explicar que até hoje permaneça afastado de seu seio o mais ilustre dos brasileiros vivos?

O desenrolar tenso e desencontrado dos acontecimentos, viradas acachapantes dignas de um roteiro de Sidney Howard,[1] ainda reservaria muitas surpresas até o anúncio da vitória (à revelia do vencedor) do novo dono da Cadeira 38.

Não estava destinado a Alberto Santos-Dumont vestir o fardão da Academia. Em toda a história, somente mais dez acadêmicos não tomaram posse solene na Casa de Machado de Assis: Barão do Rio Branco (eleito em 1898); Francisco de Castro (eleito em 1899), Martins Júnior (eleito em 1902), Heráclito Graça (eleito em 1906), Lafayette Rodrigues Pereira (eleito em 1909), Vicente de Carvalho (eleito em 1909), Emílio de Meneses (eleito em 1914), Barão Homem de Melo (eleito em 1916), Eduardo Ramos (eleito em 1922) e Rocha Pombo (eleito em 1933).

---

[1] Sidney Coe Howard (26 de junho de 1891 – 23 de agosto de 1939) foi um dramaturgo e roteirista americano. Ganhou um Pulitzer em 1925 e um Academy Award, póstumo, em 1940, pelo roteiro de *E o vento levou*.

Mas, se Alberto, eleito, não teve tempo de vestir o fardão, ainda assim, jamais deixou de ter profundas ligações com a Casa de Machado de Assis. O destino é sempre justo. Como as deusas romana e grega da justiça, em uma das mãos, ele segura uma balança e na outra empunha a espada. Mantendo seus olhos vendados, ao mesmo tempo que tira, o destino também dá. Não são poucos os que estão convictos (e acreditar é temer e desejar ao mesmo tempo) que este mundo não seja um lugar de coincidências, nem de probabilidades, pontos de vista entre os quais, no fundo, existe pouca diferença.

***

Santos-Dumont e a Academia Brasileira de Letras fazem aniversário no mesmo dia: 20 de julho. Destinos entrelaçados desde sempre. Ao falar de coincidências, deve-nos interessar menos suas explicações do que seus mistérios. A vida, essa cadeia de coincidências, escreveu Vladimir Nabokov, escritor russo-americano, "é um feixe de luz entre duas eternidades de trevas". Desenvolvemo-nos, então, como indivíduos, entre esses parênteses misteriosos. Somos seres feitos de tempo, mas também de memória, esquecimento e coincidências (ou semelhanças) e narrativas.

Quando Machado de Assis pronunciou seu discurso de posse como o primeiro presidente da Instituição, em 20 de julho de 1897, e a Academia nasceu em busca de "feições de estabilidade e progresso", tendo "a tradição como seu primeiro voto", Santos-Dumont completava 24 anos e ainda não era reconhecido como o grande inventor em que se transformaria poucos anos mais tarde.

Como Machado de Assis e Santos-Dumont, o francês Paul Valéry previu o progresso, em 1928, quando, a respeito da integração entre as mídias, disse:

> Como a água, como o gás, como a corrente elétrica vêm de longe a nossos lares, por um esforço quase nulo, assim seremos alimentados de imagens visuais ou auditivas, nascendo e morrendo ao menor gesto, quase a um sinal. Não sei se algum filósofo jamais sonhou com uma sociedade pela distribuição da realidade sensível a domicílio.

Em 1922, no Rio de Janeiro, na exposição em comemoração ao centenário da Independência brasileira, o governo francês mandou colocar diante de seu pavilhão uma réplica do monumento a Santos-Dumont, um Ícaro de bronze, de asas bem abertas, instalado na capital francesa, em Saint--Cloud. Terminada a exposição, os franceses ofereceram o lindo bronze ao inventor brasileiro. Santos-Dumont mandou colocá-lo sobre a sepultura de seus pais, no cemitério de São João Batista, no Rio, que, anos mais tarde, também seria seu leito derradeiro. Já o prédio do pavilhão francês, réplica do Petit Trianon de Versailles, o governo da França doaria à Academia Brasileira de Letras. Mais uma vez, Santos-Dumont e a Academia estavam ligados.

Em seus polêmicos *Diários Secretos*, publicados após sua morte, o escritor Humberto de Campos relata que, na sessão de 28 de maio de 1931, a Academia Brasileira de Letras discutiu "o mistério Santos-Dumont".

> *A Noite* levantou a candidatura do grande e famoso inventor à vaga de Graça Aranha, Santos-Dumont, que se encontrava em um sanatório dos Pireneus atacado de grave doença nervosa, enviou telegrama declarando "aceitar e agradecer" a homenagem. O telegrama, entretanto, era endereçado à "Academia de Ciências e Letras". Apesar da irregularidade, mas em atenção ao nome e ao estado de quem a praticava, a Academia aceitou a inscrição. Os demais candidatos, com exceção de Homero Pires, sustentado pelo Acadêmico Afrânio Peixoto, de quem foi companheiro de bancada na Câmara, retiraram-se do pleito, para que o eminente inventor brasileiro fosse eleito por unanimidade. Tudo

seguia o curso normal até que o presidente da Academia, Fernando Magalhães, recebe dois radiogramas, de redação diversa, em que Santos-Dumont comunicava a retirada de sua candidatura. Ambos procediam dos Pireneus. Surpreendido com esse gesto, e com a duplicidade dos radiogramas, Fernando Magalhães procurou comunicar-se com a família do descobridor da dirigibilidade. De um, soube que Santos-Dumont não estava nos Pireneus, mas na Suíça. De outro, sob a maior reserva: Santos-Dumont está no mar, a caminho do Rio. E viaja sob sigilo. Quanto aos radiogramas apócrifos, alguns acadêmicos chegam a culpar Afrânio Peixoto. Coelho Neto, que admitia a versão, chega a se pronunciar: "Este Afrânio... Este Afrânio..." E subitamente: "Este Afrânio é um tipo que Molière esqueceu!"

Mas os radiogramas de renúncia à candidatura eram mesmo de Santos-Dumont, gravemente enfermo, e, ao que pareceu a muitos, já privado de sua razão. A confirmação chegaria ao Rio cinco horas depois de sua vitória na eleição. Mas era nos relógios, como no verso acusatório de Giuseppe Gioachino Belli, que a morte se escondia, espreitava e conspirava.

A morte pode ser uma coisa ruim para aquele que morre? Morrer, morte e estar morto são coisas diferentes. Morrer é um processo. Estar morto é condição ou estado. A morte intervém entre morrer e estar morto, está no fim do morrer e no início do estar morto. Enquanto morremos, ainda estamos vivos, muitas vezes, conscientes de que morremos, com dor, angústia e sofrimento. Morrer poderia até não ser coisa má, se não fosse seguido de morte. Santos-Dumont começou a morrer muitos anos antes de sua morte, destino fatal e irrevogável.

II

A notícia era vaga, resumida a um rádio captado na madrugada de 24 de julho de 1932, endereçado às sras. Adalgisa Uchoa Dumont e Amália Ferreira Dumont, cunhadas de Santos-Dumont, e, embora até aquele momento não houvesse chegado qualquer outra informação confirmando a morte do inventor, tudo levava a crer que era verdadeira.

Horas mais tarde, quando os rumores foram confirmados e se soube que ele havia realmente falecido no Grande Hotel La Plage, no Guarujá, os jornais asseguravam que desaparecia uma figura empolgante do mundo moderno, uma das maiores glórias brasileiras, e o governo paulista tributava ao "Pai da Aviação" honras de chefe de Estado.

O laudo necrológico, assinado pelo legista Roberto Catunda, documentava que o cadáver de Alberto

Santos-Dumont, brasileiro, branco, solteiro, 59 anos de idade, inventor, de estatura mediana e constituição regular, fora encontrado ainda em estado de flacidez muscular, vestindo terno de casimira preta, gravata preta e calçando botinas pretas. Não havia qualquer vestígio de lesão traumática, e a *causa mortis* seria colapso cardíaco.

Anos mais tarde, o jornalista e escritor Edmar Morel relataria em seu livro de memórias, *Histórias de um Repórter*, que, ao pernoitar no mesmo hotel algum tempo depois da morte de Santos-Dumont, por curiosidade, perguntou a uma arrumadeira se ela havia conhecido o inventor. A resposta foi positiva e surpreendente: "Era um homem muito triste, coitado. Suicidou-se. Fazia pena ver aquele corpo esmirrado, pendurado na claraboia."

Ouvir que Santos-Dumont se suicidara era tal novidade, que Morel, de regresso a São Paulo, tratou de buscar no arquivo do jornal *Diário da Noite* o noticiário da morte de Santos-Dumont. Confirmou o testemunho do legista que havia firmado no atestado morte natural. As notícias citavam o nome do escritor Raimundo de Menezes, delegado de Santos, que, avisado da morte, havia partido para o Guarujá.

Raimundo era nome bem relacionado em São Paulo como intelectual e membro de destaque da seção paulista da União dos Escritores do Brasil e da Academia Paulista de

Letras. Edmar o conhecia do Ceará, por isso o procurou em seu escritório de advocacia, sem, no entanto ter a sorte de encontrá-lo. Deixou carta pedindo esclarecimentos sobre a morte de Santos-Dumont. Passados alguns dias, já no Rio, Morel receberia a resposta de Menezes:

> Uma noite, recebi a informação, vinda de Guarujá, de que o grande inventor fora encontrado morto no banheiro. Organizei a caravana e para lá seguimos. No Hotel La Plage, o mais elegante daquela praia, tivemos que arrombar a porta do banheiro, por cuja claraboia se avistava o corpo pendurado numa gravata ou num cordão de roupão. Magríssimo, era ele um feixe de ossos. Persuadido de que era o culpado por bombardearem seus patrícios, disse por várias vezes a Edu Chaves, com quem se encontrava alojado no hotel, que se sentia angustiado por isso. Aproveitando um instante de descuido realizou seu intento: enforcou-se. Comuniquei imediatamente ao chefe de polícia, Dr. Tirso Martins, o ocorrido, bem como o pedido da família para que lhe fosse entregue o corpo sem maiores formalidades legais. Autorizado, assim procedi, tendo por isso os jornais do dia seguinte anunciado o episódio como morte natural, havendo o médico legista, Dr. Roberto Catunda, dado o atestado assim afirmando. Não houve inquérito policial.

Tratava-se de uma glória nacional. Dei a ordem da Secretaria de Segurança a pedido da família. Eis o que sei a respeito.

Edmar Morel publicou o material na revista *O Cruzeiro*. Os familiares negaram o fato. Naquela época, o corpo de um suicida não era velado em Igreja católica nem tinha missa. Escondido o suicídio, o corpo de Santos-Dumont pôde ficar em visitação pública na Catedral Metropolitana do Rio por três dias.

Santos-Dumont sofria de violentas crises nervosas e de um mal incurável, só revelado anos depois por seu médico particular, Bevan Jones, em Londres. Santos-Dumont tinha esclerose múltipla, a mesma doença que levou sua mãe, em desespero, a pôr fim à vida, na cidade do Porto, em 1902.

A notícia do seu falecimento, vindo assim de repente, sem prévio aviso, deixou todos bastante consternados. Um outro rádio recebido de São Paulo adiantava que a família do grande brasileiro ia mandar celebrar missas em intenção de sua alma. Em busca de informações, os jornais buscavam incessantemente em várias fontes uma confirmação da notícia do desenlace do maior gênio da aviação. Tornou-se difícil, nos primeiros instantes, esclarecer devidamente as dúvidas que ainda pairavam sobre sua morte.

Somente na noite do dia seguinte, várias estações, e entre elas a do quartel-general do Exército, recebiam notícias positivas sobre o falecimento do grande brasileiro, tendo sido seu corpo imediatamente transladado para a capital paulista, onde o governo daquela circunscrição havia resolvido prestar-lhe honras de chefe de Estado.

Santos-Dumont alcançou em vida algumas das maiores glórias já desfrutadas por qualquer mortal. Em sua última estada na França, o país que lhe dedicava veneração especial, e que lhe prestou homenagens excepcionais, como o monumento em bronze perpetuando no parque de Saint-Cloud sua façanha memorável que resolveu o problema da dirigibilidade no espaço, Santos-Dumont teve uma recaída, passando dias entre a vida e a morte num sanatório encravado nas montanhas, nos Baixos Pireneus.

Salvou-o naquela ocasião a ânsia imensa e patriótica de rever sua terra, o desejo forte de sentir o calor tropical da terra brasileira, que lhe deu alento e coragem para a extenuante e longa travessia marítima. Quando chegou ao Brasil, a Academia Brasileira de Letras, concretizando uma ideia feliz lançada pelo jornal *A Noite*, já o havia escolhido seu membro perpétuo, dando-lhe a Cadeira que pertenceu a Graça Aranha, a de número 38.

III

Na manhã de 15 de julho de 1932, quando se soube que São Paulo, atendendo às estranhas circunstâncias e ao que se enquadrava às melhores possibilidades, preparava a mobilização de cerca de 200 mil homens à campanha de "derrubar o Governo Provisório de Getúlio Vargas e promulgar uma nova constituição para o Brasil", aqueles que consideraram separatistas certas ações relacionadas ao movimento talvez estivessem enganados.

Que São Paulo cogitasse quebrar a integridade nacional é coisa que apenas uma minoria acreditava, já que São Paulo, assegurava Pedro de Toledo, seu governador, estava de pé pelo Brasil unido, contra a quebra da autonomia dos estados que, sendo instituída na vigência da Constituição de 1891, agora era removida, à força, pela Revolução de 1930.

Para a guerra clássica, todos tinham mais ou menos o mesmo: armas não faltavam que o povo não soubesse manejar, de espingardas a outros artefatos de guerra, e também não era por falta de homens que São Paulo deixaria de vencer o combate, ao lado do Exército constitucionalista, pela restauração da ordem e da lei no Brasil. É nesse cenário incerto, nervoso e marcial que Alberto Santos-Dumont, solicitado pelos moradores de São Paulo, fora convidado a subscrever uma mensagem que reivindicasse a ordem constitucional do País.

Não lhe sendo possível, por doença, sair do refúgio a que forçosamente se recolhia, Santos-Dumont escreveu de próprio punho uma mensagem, publicada nos jornais de 15 de julho de 1932, que, poucos dias mais tarde, soaria como a despedida do inventor.

Quando o conflito terminou, em 4 de outubro, com a derrota dos paulistas e um saldo de mais de mil vidas perdidas, Alberto Santos-Dumont, acima de tudo um crente sincero de que os problemas da ordem política e econômica somente dentro da lei magna poderiam ser resolvidos, também estaria morto.

***

Das palavras gregas *nephéle* (nuvem) e *bátes* (que anda), formou-se em nosso idioma o vocábulo "nefelibata", que, por alusão, foi aplicado a certo gênero de literatura simbólica, em que poetas e prosadores pareciam aspirar, entediados do mundo, às regiões celestes.

Por considerarem ter Santos-Dumont andado pelas nuvens em aeronaves, foi que os jornais do Rio se espelharam em dar brilhantes títulos "nefelibatas" às notícias dos funerais do pioneiro da navegação aérea. Eis alguns desses títulos: *"Asas em funeral", "Abre-se a terra do Brasil para acolher o homem que conquistou o céu", "Santos-Dumont e o culto das asas brasileiras", "Baixou ao seio materno da terra o bandeirante do azul".*

Não foi, pois, somente na literatura que o Simbolismo fez escola. Também no jornalismo ele se infiltrou, e se realçou nas ideias. Apesar de todo o sucesso, Santos-Dumont era de uma modéstia excessiva e não ambicionava títulos de glória. Foi preciso que as vozes dos próprios acadêmicos, ouvidas em uma série de entrevistas pelo jornal *A Noite*, ratificassem em votos soleníssimos o acerto da ideia ventilada pela "folha", para que, aí sim, o "Pai da Aviação", dobrando-se ao apelo nacional, apresentasse oficialmente sua candidatura à vaga aberta com a morte de Graça Aranha.

Nos últimos meses da vida de Santos-Dumont, dizia-se que só mesmo o desejo de terminar seus dias na terra que lhe serviu de berço poderia tê-lo animado a fazer, no estado delicado em que se encontrava, a travessia do Atlântico. Aqui desembarcando, e porque sua saúde requeresse cuidados especiais, Alberto partiu imediatamente para São Paulo, onde ficou aos cuidados de parentes, que não arredavam pé de sua cabeceira, desdobrando-se em esforços e dedicação para tornar menos amarga a última etapa de sua existência.

De tempos em tempos, vinham retalhos de notícias comunicando que se processava normalmente sua cura. Santos--Dumont era um inimigo de todos os sistemas de ruído e exibicionismo e não permitia que se fizesse publicidade em torno de sua vida. Mas os homens do seu porte, do seu valor, já não pertencem a si mesmos, estão integrados ao patrimônio cultural das nações.

De São Paulo, fez Santos-Dumont rápidas excursões através de algumas cidades e fazendas de clima ameno e suave, em busca de melhoras para sua saúde. Nos últimos tempos se acentuavam suas melhoras, e a família alimentava esperanças de o ver completamente restabelecido. As esperanças, assim como as horas de angústias e inquietações, acabaram por desvanecerem-se com seu falecimento. A notícia da morte de Santos-Dumont trouxe o sentimento que é ato profundo como a bondade e o patriotismo deste homem lamentavelmente morto aos 59 anos.

Sua alma se constrangia em sofrimento físico e moral, atroz sofrimento, ao saber que seu invento, a arma prodigiosa que lhe absorvera grande parte da fortuna, de seus dias e de noites de pesquisas e estudos profundos, estava sendo utilizado no mundo inteiro como arma de guerra.

A tão fantástica quanto trágica vida de Alberto Santos-Dumont mostra que ninguém é impossível. Jorge Luis Borges facilmente veria em Alberto a inventividade de um personagem retirado de um romance russo, ou mesmo de alguma história de Verne e Wells. Stevenson veria a vida do inventor brasileiro como um romance de peripécias e lamentaria (talvez injustamente) que, por esse fato, ele fosse desdenhado por certos leitores, pelo fato de o prazer "intelectual" das aventuras vividas pelo inventor serem inexistentes ou pueris. Isso seria um grande engano.

Aos que advogam o romance psicológico (que quer ser realista, informe e de variedade sucessiva), todos eles terão na biografia de inventor a sua dose bem aquinhoada de dramaticidade: uma série de sucessivas "viradas acachapantes", a impossibilidade do isolamento voluntário, o seu flerte com a morte (o "maior de todos os mistérios"), o desafio aos deuses (dando aos homens o "fogo de Prometeu", desfazendo o "encanto" que prendia os pés dos homens à terra). A fantástica vida de Santos-Dumont, que alimentou, ininterruptamente, as páginas dos periódicos mundiais por mais de 30 anos, certamente não foi a soma de tudo isso. Foi muito mais. Não sei o que Alberto teria dito em seus últimos momentos de vida, mas muito me agradaria que tivesse dito (lembrando Platão e Sócrates): "A humanidade, creio, é que está enferma."

IV

Suas características mais visíveis foram muitas vezes descritas. Por definição, estou na impossibilidade de, eu mesmo, constatar os fatos que estudo. Só me é possível falar de Santos-Dumont por intermédio de testemunhos, ou seja, um conhecimento (indireto) por meio de vestígios:

> Fronte larga, olhos castanhos, salientes, sobrancelhas delgadas, nariz forte e levemente aquilino, pequeno bigode aparado e curto sobre a boca bem rasgada, queixo voluntarioso marcado por um fundo sulco, dentes grandes, pele amorenada. Olhar penetrante, às vezes malicioso, uma tenacidade que iguala seu grande idealismo e autoconfiança. Coração bondoso que facilmente se comove. Uma grande vocação para se meter em situações graves e acidentes.

O conhecimento do passado será sempre indireto. Ao falar de Santos-Dumont, estarei para sempre condenado a essa maldição. Mas o que nos resta da chamada observação direta? Os investigadores contemporâneos de Santos-Dumont tinham mais boa sorte?

Ernesto Sena, jornalista da revista semanal *A Avenida*, um observador direto, também compartilhou um perfil de Santos-Dumont com seus leitores na edição de 10 de outubro de 1903:

O colarinho "virado alto" mede 8 cm de altura. Calado, move rapidamente a cabeça para o lado direito, lançando um olhar baixo, desconfiado, como quem se sente despertado por um movimento estranho, desconhecido. Às vezes cofia as pontas curtas do bigode e medita encostando a ponta do dedo polegar da mão direita nos dentes do lado direito da boca. Repuxa rapidamente o lábio superior para baixo. Sentado, dobra sempre a perna direita e comprime o joelho entre as mãos cruzadas. Seu andar é apressado, os braços jogados para trás das costas, apertando a mão direita entre a esquerda, anda 140 metros por minuto sem se fatigar e galga três degraus por vez. Veste terno de casimira de cores pouco vivas e paletó saco, usa luvas cor de barro vermelho sem botões, de largo punho, gravata de cores rubras com leves traços brancos (é a sua roupa predileta). A calça é dobrada na bainha e o cabelo repartido. Toda manhã, ao acordar, toma banho frio, trata dos dentes, barbeia-se fazendo loções da perfumaria Coeur de Jeannette. É brusco, fechado e por vezes insuportável. Em seu braço esquerdo há uma corrente com a medalha de São Bento (ganha de Isabel, a princesa). Sono? Só na mais completa escuridão, senão sua sonolência inquieta é fácil de despertar.

Sobre Santos-Dumont, esse mineiro que a imprensa mundial acreditou, por algum tempo, ser paulista e até francês, também sabemos, a partir de "retratos" escritos em livros e periódicos, que media cerca de 1,60 m de altura, e pesava pouco mais de 50 quilos, o que muito combinava com o epíteto de "homem pássaro" recebido dos franceses. A vida e a morte de Santos-Dumont foram enigmas de esfinge. O trabalho dos seus biográfos não é tarefa fácil. Há mesmo uma foto famosa do inventor em seu escritório na Avenida Champs-Élysées em que ele aparece com vários papéis espalhados sobre sua mesa de trabalho e, preso na parede, às suas costas, havia um quadro no qual se pode ver uma imensa pirâmide. A foto lembra a famosa disposição de Sesheps, a esfinge guardiã de Gizé, à frente da pirâmide de Quéfren.

"Que criatura pela manhã tem quatro pés, ao meio-dia tem dois e à tarde tem três?", é a pergunta da esfinge a Édipo, a certa altura de *Édipo Rei*, de Sófocles. *"Decifra-me ou devoro-te"*, eis o enigma mais famoso da história. Aquele que não conseguir responder o enigma será devorado ou estrangulado (esfinge deriva do grego *sphingo*, cujo significado é estrangular).

Édipo, na peça de Sófocles, resolve o enigma: "É o homem que engatinha quando bebê, anda sobre dois pés na idade adulta e usa uma bengala quando é velho." Ao considerar as dúvidas e as inconsistências a respeito da biografia do grande inventor brasileiro, uma pergunta logo me surge de forma contundente: quando alguém conseguirá desvendar o enigma de sua vida e, principalmente, o de sua morte?

Não é este o desafio a que me propus ao empreender este opúsculo que o leitor tem em mãos agora. Entretanto, como já disse Jorge Luis Borges, o argentino, há argumentos que se prestam menos à escrita laboriosa do que aos ócios da imaginação ou ao indulgente diálogo.

Por isso, não me furtei nestas páginas a identificar e compartilhar algumas possíveis pistas (aquelas que nossa mente admite e anseia) cronológicas, "portas convidativas aos mistérios", que ofereço aos espíritos curiosos (não excluindo o meu próprio) que desejarem empreender no futuro o desafio maior de decifrar a esfinge Santos-Dumont.

***

Alberto Santos-Dumont, o inventor do avião (e não deveríamos ter dúvidas a esse respeito), nasceu em 20 de julho de 1873, em Cabangu, fazenda localizada na Estação de Rocha Dias, Distrito de João Aires, próximo à cidade que na época se chamava Palmira, hoje, Santos Dumont, Estado de Minas Gerais.

Alberto foi o sexto dos oito filhos de Henrique Dumont e Francisca de Paula Santos, casados em 6 de setembro de 1856, na Freguesia de Nossa Senhora do Pilar, da cidade de Ouro Preto.

A família foi morar em Cabangu porque Henrique, mineiro de Diamantina, engenheiro formado na Escola de Artes e Ofícios de Paris, trabalharia na construção de um trecho da Estrada de Ferro D. Pedro II, a atual Central do Brasil.

Alberto, que desde muito cedo foi atraído pela conquista do ar, leu Júlio Verne e sua imaginação de criança foi povoada pelas aventuras de Róbur, Miguel Strogoff, Nemo e Dr. Fergusson.

Revelava acentuada tendência para a mecânica e habilidade manual fora do comum. Quando completou 12 anos, Alberto já dirigia locomotivas Baldwin que puxavam os trens de transporte de café na Fazenda Arindeúva, em Ribeirão Preto, Estado de São Paulo, que o seu pai comprou alguns anos antes, em 1879.

Quando Henrique se mudou com a família para a Europa, com o objetivo de tratar uma hemiplegia, consequência de um grave acidente que sofrera na fazenda, já havia constatado que Paris, onde as principais discussões sobre tecnologia ocorriam, era o lugar ideal para seu filho prosseguir os estudos.

Alberto tinha inteligência aguçada e curiosidade por tudo que dissesse respeito à mecânica. Foi em novembro de 1891 que Santos-Dumont viu pela primeira vez, no Palácio da Indústria, em Paris, um motor a petróleo funcionando.

Poucos meses depois, em 12 de fevereiro de 1892, Henrique emancipou Santos-Dumont. Três meses depois, segue com a família de volta à Europa. Em Paris, Alberto inicia seus estudos com o professor Garcia. Mas, em agosto, Henrique Dumont, seu pai, morre no Rio de Janeiro.

Os próximos anos, Santos-Dumont transitará entre Brasil e França. Em 1894 passa uma temporada na Universidade de Bristol, Inglaterra, e em 1897 fixa residência em Paris. Compra um automóvel Panhard, com o qual viaja de Paris a Nice em 54 horas, mas sua grande vocação era voar.

O ano de 1898 é marcante na biografia de Santos-Dumont. No dia 23 de março, ele realiza a primeira ascensão aerostática em companhia do aeronauta francês Macheron, saindo do Parque de Aerostação de Vaugirard, em Paris, e descendo nos terrenos do Chateau de La Ferrière, propriedade de Alphonse de Rothschild.

Nessa época, já eram conhecidos os motores a eletricidade e a vapor usados em balões. Eles não ofereciam resultados práticos para a dirigibilidade desses aparelhos. Santos-Dumont foi quem usou pela primeira vez um motor a gasolina em um aparelho mais leve que o ar. Tinha apenas 25 anos.

Em maio, Santos-Dumont realizou uma ascensão à noite quando é então envolvido por uma tempestade. No mês seguinte, faz uma ascensão livre, a primeira em que levou passageiros, o Barão de Beville e Mademoiselle De Forest. O balão, de mil metros cúbicos, parte do Parque de Aerostação de Vaugirard, Paris, e quatro horas depois desce em Vincennes.

Em 4 de julho de 1898, Santos-Dumont realiza a primeira ascensão com seu balão Brasil, no Jardim da Aclimação, em Paris. Era um balão fácil de manejar e foi o menor balão jamais construído para ascensões com uma pessoa a bordo. O Brasil, para o grande inventor, foi o mais lindo de seus balões, mas ainda assim, por não ser dirigível, o deixava à mercê dos ventos. Santos-Dumont sonhava comandar seu balão, dando-lhe a direção e o destino que desejasse. Em 18 de setembro de 1898, Alberto surpreendeu o público ao apresentar no Jardim da Aclimação, em Paris, o Santos-Dumont Número 1, um balão dirigível de 25 metros de comprimento, 3,50 metros de diâmetro e um volume de 180 metros cúbicos. Esta foi a primeira vez que um motor de combustão interna foi adaptado a um veículo aéreo e funcionou no ar. Em sua primeira ascensão, infelizmente, o dirigível Número 1 foi lançado pelo vento contra árvores próximas.

Em 1899, Santos-Dumont construiu e pilotou o Número 2. O novo dirigível tinha volume de 200 metros cúbicos.

Resolveu testar o novo aparelho em 11 de maio de 1899, em uma tarde chuvosa, que, por coincidência, era a data em que se comemorava o Dia da Ascensão. O hidrogênio se contraiu rapidamente pelo mau tempo. O Número 2, sem sua forma aerodinâmica, foi então lançado contra as árvores do parque.

Poucos dias depois, Santos-Dumont participa da competição denominada "Taça dos Aeronautas", para balões livres. Fica em quarto lugar, pilotando o balão América de 1.800 metros cúbicos.

Sem desanimar, constrói e realiza a primeira ascensão com o seu balão dirigível Número 3, partindo do Parque de Aerostação de Vaugirard e contornando a Torre Eiffel. E aí ficamos sem saber qual a medida da superstição de Alberto Santos-Dumont. É interessante observar que, ao escolher o horário das 15h30min, do dia 13 de novembro de 1899, data que coincidia com o horário fixado para o fim do mundo por alguns videntes da época, Alberto demonstrava um surpreendente senso de humor, algo bastante impensável se relacionado a um indivíduo supostamente tão supersticioso como acreditam vários de seus biógrafos.

Tendo seu próprio hangar (o primeiro do mundo) e um gerador de hidrogênio, Santos-Dumont iniciou, em 22 março de 1904, a construção de seu balão dirigível Número 4, que ficou pronto em 1.º de agosto de 1900. Aproveitando a quilha-bambu do Número 3, Santos-Dumont sentava-se num selim de bicicleta, tendo à mão todos os comandos do motor, do leme de direção, das válvulas e das torneiras do lastro d'água. Testando o motor, em razão do forte deslocamento de ar, o inventor contraiu uma pneumonia.

Naqueles dias, Henry Deutsch de la Meurthe, conhecido como grande magnata do petróleo, havia instituído um prêmio destinado ao primeiro balão dirigível ou aeronave de qualquer natureza que, entre 1.º de maio e 1.º de outubro de 1900, 1901, 1902, 1903 e 1904, se elevasse do Parque de Aerostação de Saint-Cloud e, sem tocar em terra, por seus próprios meios, após descrever uma circunferência tal que nela se encontrasse incluso o eixo da Torre Eiffel, retornasse ao ponto de partida, no tempo máximo de meia hora. Ao prêmio de 100 mil francos foram acrescidos, posteriormente, 25 mil francos, e mais ainda 4 mil francos que constituíram os juros de 4% da importância inicial, a serem pagos ao aeronauta que mais se distinguisse nas experiências de 1900.

No dia 4 de abril de 1901, a Comissão Científica do Aeroclube de França concedeu a Santos-Dumont, por unanimidade, a quantia de 4 mil francos, juros dos 100 mil francos do Prêmio Deutsch de La Meurthe durante o ano de 1900, por ter sido Santos-Dumont o aeronauta que mais se destacou nas atividades relacionadas com a conquista do referido prêmio. Imediatamente, Santos-Dumont, de posse dos 4 mil francos, institui o "Prêmio Santos-Dumont" para ser concedido ao aeronauta que, sem limite de tempo, partisse do Parque de Aerostação de Saint-Cloud, contornasse a Torre Eiffel e retornasse ao ponto de partida sem tocar no solo e usando somente os meios de bordo. O vencedor não poderia ser o fundador do prêmio, Santos-Dumont, nem nenhum aeronauta que utilizasse uma aeronave pertencente a Santos-Dumont.

Neste mesmo ano de 1901, Santos-Dumont criou o Número 5. Concorrendo ao Prêmio Deutsch, Santos-Dumont fracassou nas primeiras experiências. Em 13 de julho, depois de circular a Torre Eiffel, Santos-Dumont foi obrigado a descer entre as árvores do parque da residência do Barão Edmond de Rothschild. No dia 8 de agosto, salvou-se da morte por pouco, quando seu balão explodiu ao se chocar contra o edifício do Hotel do Trocadero, no Quai du Passay, n.º 12, e ele ficou pendurado a 20 metros de altura, preso à armação de madeira, que, pela sua solidez, impediu que ele se ferisse.

Apesar da gravidade do acidente, Santos-Dumont, indivíduo persistente, não desanimou. Nesse mesmo dia, depois de ter sido resgatado do alto do prédio por bombeiros, e tendo seu dirigível destruído, ele encomendou a construção do balão dirigível Santos-Dumont Número 6. Em menos de 22 dias, com bastante empenho e dedicação, apresentou seu dirigível. Tinha a forma de elipsoide alongado e todas as características apropriadas para vencer o Prêmio Deutsch. O que realmente aconteceria, em 19 de novembro de 1901, quando o inventor cobriu toda a rota estabelecida pelo prêmio, cerca de 11 mil metros, subindo do Parque de Aerostação de Saint-Cloud, contornando a Torre Eiffel e regressando ao ponto de partida em 30 minutos e 40 segundos.

Durante alguns dias houve discussão polêmica sobre se Santos-Dumont, tendo excedido em 40 segundos o tempo estabelecido para a tarefa, mereceria receber o prêmio. Venceu o bom senso e ele foi considerado vencedor da disputa, que praticamente o tempo todo não apresentou outro concorrente forte. A polêmica gerada pela Comissão Científica do Aeroclube de França levou Santos-Dumont, em 5 de novembro, a se desfiliar do Aeroclube, poucos dias antes de uma rua de Saint-Cloud receber seu nome.

Com a conquista, o jovem brasileiro se tornou uma celebridade mundial, pois havia provado a dirigibilidade dos balões. No fim do ano, Santos-Dumont segue para Mônaco. Passa antes em Londres, onde publica o trabalho intitulado *A Conquista do Ar*, pela editora Aillaud et Co. Santos-Dumont continuará suas experiências com o seu dirigível Número 6, em Mônaco.

No dia 10 de fevereiro de 1902, Santos-Dumont desfraldou, pela primeira vez, uma comprida flâmula, amarrada ao balão, com as iniciais do seu lema: P.M.N.D.N. (Por mares nunca dantes navegados). Poucos dias depois, o balão caiu no mar. Santos-Dumont e o balão foram recolhidos por embarcações. Mais uma vez, ele escapa da morte.

No dia 10 de abril de 1902, Santos-Dumont chega a Nova York. Três dias depois, em 13 de abril, o inventor Thomas Edison o recebe em seus laboratórios, em West Orange. No dia 16, já em Washington, D.C., ele é recebido por Theodore Roosevelt, presidente dos Estados Unidos, na Casa Branca. Os jornais americanos noticiam um possível *affair* entre o inventor e Alice Lee Roosevelt, filha única do presidente americano com sua primeira esposa, Alice Hathaway Lee.

Em 12 de maio, Santos-Dumont, já de volta a Paris, recebe a notícia do acidente com o balão dirigível Pax, no qual falecem Augusto Severo, inventor brasileiro, e o mecânico francês Sachet. No mês seguinte, sua mãe, Francisca, se suicida na cidade do Porto, em Portugal.

É nessa mesma época que o jovem Monteiro Lobato, diretamente de Washington, D.C., escrevia a respeito de Alberto Santos-Dumont (não deixa de incluir uma curiosa e ácida visão a respeito do brasileiro médio):

O brasileiro é de um gênio naturalmente inventivo ao mesmo tempo que assimilador. Entretanto, tenho visto chegarem ordens aqui (EUA) de pequeninas peças de máquinas que qualquer estudante pode construir. Mas, por que isso? Porque nós nos envergonhamos de trabalhar. Uma blusa de operário nos causa nojo. Dê-nos uma cartola, um fraque, um charuto e muita ignorância e nós teremos a vida ganha. E é por isso que quando vejo Santos-Dumont em mangas de camisa, cioso de seu trabalho, pergunto aos meus botões: Mas estezinho é mesmo brasileiro?

Entre 1902 e 1904, Santos-Dumont apresentou mais três dirigíveis: Número 7, Número 9 e Número 10. Animado com os resultados do Número 7, Santos-Dumont o transporta para concorrer ao Prêmio da Exposição Universal de Saint-Louis, nos Estados Unidos, em 1904. O balão foi criminosamente inutilizado, nas vésperas da competição. Santos-Dumont retornou imediatamente a Paris.

O Número 9, também conhecido como Balladeuse, de diminutas proporções e forma ovoide, era ideal para voos diários. Nesse dirigível, Santos-Dumont treinou a primeira mulher a pilotar um dirigível com motor a gasolina. Era 29 de julho de 1903, quando uma cubana, Aída Costa, fez seu voo pelo Parque de Neuilly até o Campo de Bagatelle. Neste mesmo Número 9, um mês antes, Clarkson Potter tornou-se o primeiro menino a passear em dirigível. Em 14 de julho, Santos-Dumont voa com o dirigível sobre a formatura militar, em Longchamps, durante o qual ele saudou o presidente da República da França com uma salva de 21 tiros de revólver.

Em setembro, Santos-Dumont chega ao Rio de Janeiro, onde visita o presidente da República no Palácio do Catete. A seguir, Santos-Dumont construiu o Número 10, mais conhecido como Ônibus, o maior de todos os dirigíveis construídos por Santos-Dumont. Era destinado a transportar passageiros numa outra quilha inferior, distribuídos em quatro pequenas naceles.

O ano de 1904 começa com a morte de Henri Lachambre, construtor dos balões de Santos-Dumont. Nesse mesmo ano, é publicado em Londres, *My Airships*, tradução para o inglês do livro *Dans l'Air*, em que Santos-Dumont relata sua infância e experiências com os dirigíveis. O livro só será publicado no Brasil em 1938.

Em fevereiro de 1905, a revista francesa *Je Sais Tout* publica importante artigo de Santos-Dumont sobre o futuro da navegação aérea. Em março, Santos-Dumont recebe a medalha da Legião de Honra da França, no grau de Cavaleiro, e, em agosto, Santos-Dumont intensificou seu trabalho idealizando um avião monoplano bimotor (Número 11), um projeto de helicóptero (Número 12) e um balão semirrígido, pouco conhecido (Número 13).

O projeto que se seguiu foi o Número 14. Tratava-se de um dirigível de pequeno volume, mas que foi bastante útil para as experiências que Santos-Dumont fez com sua invenção seguinte. Ele prendeu o Número 14 ao primeiro avião que construiu. Eram assim aparelhos conjugados, e foi por isso que o inventor lhe deu o nome de 14-Bis.

No mês de julho de 1906, Santos-Dumont iniciou suas experiências com o 14-Bis. Logo, o biplano não precisava mais do 14 como auxiliar. Essa invenção o deixou famoso no mundo todo. O 14-Bis tinha seis células Hargrave e asas formando um diedro. Os franceses apelidaram o estranho aparelho de *oiseau de proie* (ave de rapina).

Com o avião, Santos-Dumont conseguiu realizar, em 23 de outubro de 1906, o primeiro voo mecânico do mundo, 60 metros a uma altura que variava entre 2 e 3 metros. O brasileiro chegou cedo ao Campo de Bagatelle, mas não conseguiu realizar o voo na parte da manhã. Às 16 horas e 45 minutos, após uma corrida no solo de cerca de 200 metros, o 14-Bis deslocou-se em pleno espaço. Ao final do voo, Santos--Dumont foi carregado em triunfo pela multidão que testemunhou o momento histórico. Com o voo, Santos-Dumont ganhou a Taça Archdeacon, já que havia ultrapassado a marca de 25 metros proposta para o voo de um aparelho mais pesado que o ar.

Em 12 de novembro, uma segunda-feira, Santos-Dumont voou 220 metros, a 6 metros de altura em 21,5 segundos. Nesse mesmo dia, competiam com Santos-Dumont Louis Blériot e Gabriel Voisin, dois famosos aviadores franceses que tentaram, sem êxito, realizar seus voos. Santos-Dumont ganhou o prêmio de 1.500 francos estabelecido pelo Aeroclube de França, em 1904, ao aviador que conseguisse voar uma distância acima de 100 metros com um aparelho mais pesado que o ar.

Entre 1906 e 1907, Santos-Dumont dedicou-se a projetar aviões. O Número 15 nada mais foi do que um avião biplano. O Número 16 era uma mistura de avião e dirigível. O Número 17, pouco conhecido, era o Número 15 com algumas modificações, e o Número 18, um deslizador aquático, um *hydroglisseur*, que foi experimentado no rio Sena, em Paris. O Número 18, sem exagero algum, pode ser definido como um precursor do hidroavião.

Nos anos de 1907, 1908 e 1909, Santos-Dumont trabalha nos quatro modelos do avião: números 19, 20, 21 e 22. Eram aviões pequenos e transparentes, os franceses logo os batizaram de *Demoiselle* (senhorita) ou *Libelule* (libélula). Em superfície, esses aviões eram cerca de oito vezes menores que o 14-Bis. Voando em seus *Demoiselles*, na época o menor do mundo, precursor dos ultraleves, Santos-Dumont foi o primeiro aeronauta a obter as quatro cartas homologadas pela Federação Aeronáutica Internacional: piloto de balão livre, de dirigível, de biplano e, finalmente, de monoplano.

Ainda em 1909, Santos-Dumont encomenda na joalheria de Cartier, em Paris, seu primeiro relógio de pulso. Em outubro de 1910, acontece a inauguração do monumento a Santos-Dumont, em Saint-Cloud, Paris. O autor foi o escultor Georges Colin, construído pela firma Contenu & Lelieve. No mesmo mês, Santos-Dumont foi promovido ao grau de Comendador da Legião de Honra da França.

Na edição de dezembro de 1909 da revista americana *Popular Mechanics*, Santos-Dumont torna pública e livremente utilizável por qualquer pessoa sua patente do avião *Demoiselle*. Roland Garros, pioneiro da aviação francesa, iniciou sua carreira de piloto, em 1909 conduzindo esse monoplano. Foi também com o *Demoiselle* que Santos-Dumont realizou seu último voo como piloto, em 18 de setembro de 1909.

Ao deixar de voar, após 12 anos de trabalhos ininterruptos, o Pai da Aviação começou a perder sua energia e a ter sua saúde abalada. Envelheceu muito prematuramente. A Primeira Guerra Mundial, entre os anos de 1914 e 1918, o perturbou severamente. Santos-Dumont acusava-se de ser o culpado pelo genocídio provocado pelos bombardeios aéreos, pelos acidentes aeronáuticos, por tudo de negativo que fosse ligado à aviação.

Em 1918, ele compra o terreno na Rua do Encanto, 22, em Petrópolis, onde manda construir sua residência que receberia o nome de "A Encantada". Neste ano, também, Santos--Dumont publicou o livro *O que Eu Vi. O que Nós Veremos*, escrito na mesma casa.

Em agosto de 1923, a construção do túmulo para seus pais é iniciada no cemitério São João Batista. Sobre o jazigo, que anos mais tarde também receberia os restos mortais do inventor brasileiro, Santos-Dumont manda colocar uma estátua de Ícaro, réplica do monumento em sua homenagem existente em Saint-Cloud, Paris, trazida para o Brasil, inicialmente, para ficar exposta no pavilhão francês durante a Exposição do Centenário da Independência, em 1922. Ao terminar a exposição, o governo francês doa o prédio, o Petit Trianon, à Academia Brasileira de Letras, que o fará sua sede. A estátua de Ícaro, os franceses, em gesto bastante carinhoso, ofertam a Santos-Dumont.

Em 1925, Santos-Dumont é internado na clínica de repouso Valmont, em Glion-sur-Montreux, Suíça. Volta a se internar em 1926. Em carta ao Dr. Antonio Prado Júnior,

Santos-Dumont reconhece que fazia dois anos que estava doente dos nervos. Em depoimento, o embaixador Antônio Camillo de Oliveira, que também esteve na clínica nessa mesma época, declarou que Santos-Dumont, no período em que esteve internado, dedicava-se à encadernação de livros, para se distrair.

Em maio de 1927, Santos-Dumont, ainda em repouso em Valmont-sur-Territet, foi convidado pelo Aeroclube de França para presidir o banquete em homenagem a Charles Lindbergh, que acabava de fazer sua sensacional travessia aérea entre Nova York e Paris. Com a saúde debilitada, Santos-Dumont recusa o convite.

Em dezembro de 1928, Santos-Dumont chega ao Rio de Janeiro, a bordo do vapor Cap Arcona. Na ocasião, ocorre o acidente com o avião Junker trimotor Santos-Dumont, da empresa de navegação aérea Sindicato Condor, no qual morreram ilustres membros da comissão de recepção a Santos-Dumont, entre eles Tobias Moscoso, Amoroso Costa e Ferdinando Laboriau, professores da Escola Politécnica, Amauri de Medeiros, da Academia de Medicina, e o engenheiro Paulo de Castro Maia. O acidente tem efeito devastador sobre a saúde do inventor, que acompanhou o resgate dos corpos das vítimas durante vários dias, e posteriormente, o enterro.

Ainda em dezembro, Santos-Dumont faz uma demonstração do aparelho de sua invenção Transformador Marciano, no Museu Nacional, na Quinta da Boa Vista, no Rio de Janeiro. Em 1929, Santos-Dumont é promovido ao grau de Grande Oficial da Legião de Honra da França.

No final de 1930 e início de 1931, Santos-Dumont permanece na Casa de Saúde de Préville, em Orthez, nos Baixos Pireneus, na França. Em abril, Santos-Dumont faz seu primeiro testamento. Em maio, parte para o Brasil a bordo do vapor Lutetia.

No dia 4 de junho, acontece a eleição de Santos-Dumont para membro da Academia Brasileira de Letras, para ocupar a Cadeira 38, cujo patrono é Tobias Barreto, e que se achava vaga desde a morte de José Pereira de Graça Aranha. Em setembro, faz seu segundo testamento.

Em maio de 1932, muda-se para o Guarujá. A Revolução Constitucionalista irrompe em 9 julho. Santos-Dumont escreve a seus compatriotas durante a Revolução Constitucionalista. Os jornais publicam sua mensagem em 15 de julho, oito dias antes de seu falecimento, no Hotel de La Plage no Guarujá, com a idade de 59 anos, em 23 de julho de 1932.

Seu corpo foi embalsamado pelo renomado médico austríaco e professor da Faculdade de Medicina de São Paulo, Dr. Walter Haberfeld, e transportado para o Rio de Janeiro, onde foi sepultado em 21 de dezembro de 1932. O Dr. Haberfeld, entretanto, retirou-lhe o coração, conservando-o em líquido apropriado.

No decorrer das festividades da Semana da Asa de 1944, o então presidente da Panair do Brasil, Dr. Paulo Sampaio fez a entrega do coração de Santos-Dumont ao primeiro-ministro da Aeronáutica, Joaquim Pedro Salgado Filho, em solenidade realizada no Aeroclube do Brasil, quando uma tripulação daquela empresa de transporte aéreo formou como guarda de honra em torno da relíquia.

O coração de Santos-Dumont foi colocado em uma esfera de cristal e ouro sobre uma coluna de jacarandá que sustenta ainda uma estatueta de bronze sobre uma base de mármore. A estatueta representa a figura majestosa de Ícaro com os braços erguidos. A escultura foi composta por Américo Monterosa e Guy Eymmonet.

Os restos mortais de Alberto repousam no Cemitério de São João Batista, no Rio de Janeiro, junto aos de seus pais, numa sepultura que ele mesmo mandou construir, em 1923. No topo do jazigo, mandou colocar uma réplica do Ícaro de Saint-Cloud, cujas asas abertas estão a vigiar o repouso daquele que foi um dos maiores conquistadores do espaço.

Em crônica dedicada a Santos-Dumont, datada de 1904, o poeta Olavo Bilac previa:

> O que nós estamos glorificando em Santos-Dumont é o começo da realização da profecia sublime. O homem já sabe o que faz no espaço, como já sabe o que faz na terra e no mar [...] É o primeiro passo. Virão depois os outros. Não há horizonte fechado à ambição humana. Daqui a pouco, o homem não se contentará com o poder pairar perto da Terra: quererá desaparecer na vastidão gloriosa.

Em 20 de julho de 1969, dia do aniversário de Alberto Santos-Dumont, uma homenagem que talvez não tenha sido programada vinha da pátria onde nasceram os dois irmãos Wright: levado pela nave Apolo 11, Neil Armstrong torna-se o primeiro homem a pisar na Lua.

Há mesmo, como já se disse em alguma das páginas anteriores, aquele que esteja convicto de que este mundo não seja um lugar de coincidências, nem de probabilidades. Tudo é destino.

Selo húngaro de 1977 que homenageia o inventor brasileiro

Santos-Dumont à frente do monumento com Ícaro, oferecido a ele pelo governo francês

*O Que Nós Veremos**

Eu vos falei do comércio e da dificuldade do seu desenvolvimento, da facilidade de transporte e comunicações e do incremento das relações amistosas. Estou convencido de que os obstáculos de tempo e distância serão removidos. As cidades exiladas na América do Sul entrarão em contato direto com o mundo de hoje. Os países distantes se encontrarão, apesar das barreiras de montanhas, rios e florestas. Os Estados Unidos e os países sul-americanos se conhecerão tão bem como a Inglaterra e a França se conhecem. A distância de Nova York ao Rio de Janeiro, que é agora de mais de 20 dias de viagem por mar, será reduzida a dois ou três dias. Anulados o tempo e a distância, as relações comerciais, por tanto tempo retardadas, se desenvolverão espontaneamente. Teremos facilidades para as comunicações rápidas. Chegaremos a um contato mais íntimo. Seremos mais fortes, nos nossos laços de compreensão e amizade.

Tudo isto, Srs., será realizado pelo aeroplano. (...)

A possibilidade da navegação aérea entre os Estados Unidos e a América do Sul é mera especulação fantasiosa?

---

* *In: O que Eu Vi, o que Nós Veremos.* 1.ª edição. São Paulo: [s.n.], 1918.

Intimamente creio que a navegação aérea será utilizada no transporte de correspondência e passageiros entre os dois continentes. Algum de vós demonstrará incredulidade e rirá desta predição.

Sem embargo, faz 12 anos que eu disse que as máquinas aéreas tomariam parte nas futuras guerras e todos, incrédulos, sorriram.

Em 14 de julho de 1903, voei sobre a revista militar de Longchamps. Nela tomavam parte 50 mil soldados, e em seus arredores se acotovelavam 200 mil espectadores. Foi a primeira vez que a navegação aérea figurou em uma demonstração militar. Naquela época, predisse que a guerra aérea seria um dos aspectos mais interessantes das futuras campanhas militares. Minha predição foi ridicularizada por alguns militares; outros, entretanto, houve que, desde logo, alcançaram as futuras e imensas utilidades da navegação aérea. Dentre este é, para mim, grato recordar o nome do Sr. General André, então ministro da Guerra de França, de quem recebi a seguinte carta:

MINISTÈRE DE LA GUERRE –

Gabinet du Ministre
Paris, le 19 juillet 1903

Monsieur.
Au cours de la revue du 14 Juillet, j'avais remarqué et admiré la facilité et la sûreté avec les-quelles évoluait le ballon que vous dirigiez. Il était impossible de ne pas constater les progrès dont vous avez doté la navigation aérienne. Ils semble que, grâce à vous, elle doive se prêter désormais à des applications pratiques, surtout au point de vue militaire.

J'estime qu'à cet égard elle peut rendre des services très sérieux en temps de guerre ...

Général ANDRÉ

Consideremos, entretanto, os acontecimentos desde aquela época. Consideremos o valioso trabalho que o aeroplano tem produzido na atual guerra.

A aviação revolucionou a arte da guerra.

A cavalaria, que teve grande importância em momentos valiosos, deixou de existir.

(...)

A aviação demonstrou-se a mais eficaz arma de guerra tanto na ofensiva como na defensiva. Desde o início da guerra, os aperfeiçoamentos do aeroplano têm sido maravilhosos.

Quem, cinco anos atrás, acreditaria na utilização de aeroplanos para atacar forças inimigas? Que os projetis de canhões poderiam ser lançados com efeitos mortíferos de alturas inacessíveis ao inimigo? (...)

Se o aeroplano, Srs., se tem mostrado tão útil na guerra, quanto mais não o deverá ser em tempos de paz?

Há menos de 10 anos o meu aparelho era considerado uma maravilha. Nele havia lugar apenas para uma pessoa; eu me utilizei de um motor de menos de 20 HP. A princípio apenas consegui voar alguns metros, e pouco depois alguns quilômetros. Meu recorde foi de 20 quilômetros. Eu carregava gasolina apenas suficiente para um voo de 15 minutos. Naquele época o aeroplano era considerado um brinquedo. Ninguém acreditava que a aviação chegaria ao progresso de hoje. Nesses tempos voávamos apenas quando a atmosfera estava tranquila, geralmente ao nascer do sol ou ao seu pôr.

Acreditava-se que um aeroplano só poderia voar quando não houvesse vento. Hoje fabricam-se aparelhos que podem transportar 30 passageiros, capazes de viajar nos ares durante horas, de percorrerem cerca de mil milhas sem tocar em terra, movidos por motores num total de mais de mil cavalos. (...)

***

Eu, para quem já passou o tempo de voar, quisera, entretanto, que a Aviação fosse para os meus jovens patrícios um verdadeiro esporte.

Meu mais intenso desejo é ver verdadeiras Escolas de Aviação no Brasil. Ver o aeroplano – hoje poderosa arma de guerra, amanhã meio ótimo de transporte – percorrendo as nossas imensas regiões, povoando o nosso céu, para onde, primeiro, levantou os olhos o Padre Bartolomeu Lourenço de Gusmão.

SANTOS-DUMONT
A ENCANTADA

Morro do Encantado – PETRÓPOLIS – 1918
(*O que Nós Veremos*)

INTRODUÇÃO EM FORMA DE FÁBULA
RACIOCÍNIOS INFANTIS

Os meus balões*

Dois meninos brasileiros, dois ingênuos meninos do interior, que nada mais conheciam a não ser o movimento das lavouras primitivas, desprovidas de quaisquer dessas invenções feitas para aliviar o esforço do trabalho humano, passeavam pelo campo conversando.(...)

Eram garotos refletidos, mas os assuntos que discutiam no momento excediam, em muito, tudo quanto eles tinham podido ver ou ouvir.

— Por que não se arranja um meio de transporte melhor que o lombo dos animais? — dizia Luís. — No verão passado atrelei cavalos a uma velha porta e sobre esta carreguei sacos de milho; assim, transportei de uma só vez mais do que 10 cavalos poderiam transportar. É verdade que foram precisos sete cavalos para arrastar a carga, além de dois homens ao lado, para impedi-la de escorregar.

— Que quer você? — ponderou Pedro. — Tudo se compensa na natureza. Não se pode tirar alguma coisa do nada, nem muito do pouco.

— Coloque rolos debaixo desse trenó e uma pequena força de tração chegará.

---

* *In*: *Os meus balões*. Edição comemorativa do centenário de nascimento de Santos-Dumont. Rio de Janeiro: Biblioteca do Exército, 1973.

— Ora! ... Os rolos se deslocarão; será indispensável pô-los sempre nos lugares, e perderemos neste trabalho o que houvermos ganhado em força.

— Mas — observou Luís —, fazendo um furo no centro dos rolos, você poderá fixá-los ao trenó em pontos fixos. Ou, então, por que não adaptar peças circulares de madeira aos quatro cantos do trenó? Olhe, Pedro, o que vem lá embaixo, na estrada. Exatamente o que eu imaginava, de maneira ainda mais perfeita. Basta um cavalo para puxá-la folgadamente!

Uma carreta aproximava-se. Era a primeira que aparecia na região. O condutor parou e pôs-se a conversar com os meninos. As perguntas surgiam umas atrás das outras.

— A essas coisas redondas — explicou o homem — chamamos rodas.

— O processo deve esconder qualquer defeito – insistiu Pedro. — Olhem em torno. A Natureza emprega esse instrumento que você chama roda? Observe o mecanismo do corpo humano; repare a estrutura do cavalo. Observe...

— Observe que o cavalo, o homem e a carreta com as suas rodas estão nos deixando aqui — interrompeu Luís, rindo. — Você não se rende à evidência do fato consumado e me enfastia com seus apelos à Natureza. Será que o homem realizou algum dia um verdadeiro progresso que não fosse uma vitória sobre ela? Por acaso não lhe é fazer violência o derrubar uma árvore? Nesta questão, atrevo-me a ir mais longe: suponha um gerador de energia mais poderoso do que este cavalo...

— Muito bem; atrele dois cavados à carreta.

— É de uma máquina que estou falando — retificou Luís.

— De um cavalo mecânico, de pernas muito poderosas?...

— Não. Antes, de um carro-motor. Se descobrisse uma força artificial, eu a faria atuar sobre um determinado ponto em cada roda. A carreta levaria por si mesma o seu propulsor.

— Ora, isto seria o mesmo que alguém tentar elevar-se do solo pelos cordões dos sapatos – comentou Pedro, em ar de troça. — Escute, Luís: o homem está na dependência de certas leis físicas. O cavalo, é verdade, carrega mais que o seu peso, mas a própria Natureza o fez com pernas apropriadas a este trabalho. Tivesse você a força artificial de que fala, e do mesmo modo seria obrigado, na sua aplicação, a se conformar com as leis físicas. E aí fico! Você fá-la-ia exercer-se sobre longas hastes, que empurrariam a carreta por detrás.

— É sobre as rodas que penso levar a força.

— Pela natureza das coisas, haveria uma perda de energia. É mais difícil movimentar uma roda aplicando a força motriz no interior da circunferência, que dirigindo-a sobre o exterior, como, por exemplo, impelindo ou arrastando uma carreta.

— Para diminuir o atrito, eu faria correr o meu veículo motor sobre trilhos de ferro muito lisos. A perda de energia seria assim compensada por um ganho de velocidade.

— Trilhos de ferro bem lisos! — exclamou Pedro, com uma gargalhada. — As rodas patinariam. Só se houvesse rebordos nos aros e ranhuras correspondentes nos trilhos. Outra coisa: como impediria você que o veículo saísse dos trilhos?(...)

Os dois brasileirinhos achavam-se agora à margem de um grande rio. O primeiro navio que singrava suas águas aparecia ao longe. Mas, para os nossos jovens amigos, era apenas, ainda, uma forma indistinta. (...)

O navio atracou. Dirigindo-se para ele, os meninos experimentaram a alegria de encontrar no tombadilho um velho amigo da família, plantador das vizinhanças, que os saudou, convidando:

— Subam, meninos! Venham conhecer o navio!

Os dois petizes não se fizeram de rogados. Instantes depois estavam a bordo, examinando demoradamente a máquina. Por fim, foram sentar-se à proa, com o seu obsequioso guia.

— Pedro — segredou-lhe o companheirinho —, será que os homens não poderão inventar um navio para navegar no céu?

O fazendeiro olhou com ar apreensivo para o autor da pergunta, que baixou os olhos, enrubescendo.

— Anda construindo castelo no ar? — perguntou-lhe.

— Não faça isso — tranquilizou Pedro. — Ele sempre fala assim, de coisas aéreas. É mania.

O velho sorriu, e sentenciou, convicto:

— O que você sonha é impossível. O homem não pilotará nunca um navio no espaço.

— Mas — insistiu Luís — no São João, quando se acendem as fogueiras, costumamos soltar balões de papel cheios de ar quente. Se se encontrar um meio de construir um balão muito grande, bastante grande para levantar consigo um homem, uma viatura leve e um motor, não poderia ele ser dirigido no espaço do mesmo modo que um navio nas águas?

— Meu caro amiguinho, não diga disparate — replicou o velho com vivacidade, ao perceber, ainda que tardiamente, que o capitão do navio se aproximava.

Este ouvia, porém, a observação e, longe de considerá-la disparatada, justificou-a:

— O grande balão que você idealiza existe já desde 1783. Infelizmente, porém, posto que capaz de levantar um ou mais homens, não pode ser dirigido. Está à mercê do mais leve sopro de brisa. (...)

— Nestas condições, não haveria senão uma coisa a fazer: construir uma máquina inspirada no modelo de um pássaro — sugeriu Pedro, categórico.

— Pedro é um menino de bom senso — observou o velho fazendeiro. — Pena que Luís não se pareça com ele e se deixe dominar por visões. Mas, diga-me, Pedro, por que motivo você prefere o pássaro ao balão?

— Motivo muito simples. E de uma lógica elementar. O homem voa? Não. O pássaro voa? Voa. Por conseguinte, se o homem quiser voar, tem que imitar o pássaro. A Natureza fez o pássaro e ela não se engana. Se o pássaro fosse apenas um saco cheio de ar, possivelmente eu ficaria com o projeto de um balão.

— Bem pensado — confirmaram, ao mesmo tempo, os dois homens.

Luís, porém, não se deu por convencido. Do seu canto, murmurou, com a incredulidade de um Galileu:

— Ele será dirigível!

CAPÍTULO I*
Uma plantação de café no Brasil

Pela maneira como fui combatido pelos partidários da Natureza, poderiam os leitores reconhecer-me na figura do ingênuo e quimérico Luís desta fábula.

Não é sabido, com efeito, que iniciei minhas experiências em iguais condições de desconhecimento tanto da mecânica como da aeronáutica? E, até o momento de seu êxito, não eram estas experiências consideradas impossíveis? E, malgrado tudo, não continua a pesar sobre mim a condenação intransigente de Pedro? (...)

Tudo considerado, melhor vale que recue um pouco e que minha narrativa comece na fazenda de café onde me criei. (...)

Presumo que, em geral, não se faz qualquer ideia do método todo científico que preside a exploração de uma fazenda de café no Brasil. Desde o momento em que os grãos, trazidos num trem, chegam à usina, até a hora em que, pronto para o consumo e classificação, o produto é embarcado nos transatlânticos, mão humana nele toca. (...)

---

* *In*: *Os meus balões*. Edição comemorativa do centenário de nascimento de Santos-Dumont. Rio de Janeiro: Biblioteca do Exército, 1973.

Todas estas máquinas de que acabo de falar, bem como as que forneciam a força motriz, foram os brinquedos de minha meninice. O hábito de vê-las funcionar diariamente ensinou-me, muito depressa, a reparar qualquer das suas partes. São, como já disse, máquinas muito delicadas. As peneiras móveis, com especialidade, arriscam-se a se avariar a cada momento. Sua velocidade bastante grande, seu balanço horizontal muito rápido, consumiam uma quantidade enorme de energia motriz. Constantemente fazia-se necessário trocar as polias. E bem me recordo dos vãos esforços que todos empregávamos para remediar os defeitos mecânicos do sistema.

Causava-me espécie que, entre todas as máquinas da usina, só essas desastradas peneiras móveis não fossem rotativas. Não eram rotativas e eram defeituosas! Creio que foi este pequeno fato que, desde cedo, me pôs de prevenção contra todos os processos mecânicos de agitação, e me predispôs a favor do movimento rotatório, de mais fácil governo e mais prático.

Acredito que dentro de meio século o homem conquistará o ar com o emprego de máquinas voadoras mais pesadas que o meio onde se movem. Olho para o futuro com esperança.

No momento, fui ao seu encontro mais longe que qualquer outro. Minhas aeronaves – que receberam a este propósito tantas críticas – são tão pesadas ou apenas um pouco mais pesadas que o ar. (...)

CAPÍTULO IV*
Meu "Brasil", o menor balão esférico

(...)

Expus minhas ideias ao Sr. Machuron. Ficou espantadíssimo quando falei de um balão de cem metros cúbicos e em seda japonesa de qualidade mais leve e mais resistente. O Sr. Lachambre e ele procuraram convencer-me, em sua oficina, de que eu pedia o impossível.

Quantas vezes, mais tarde, os meus projetos foram submetidos a provas análogas... Hoje, estou habituado a elas. Espero-as. Todavia, por mais desconcertado que ficasse então, perseverei no meu ponto de vista.

Os senhores Machuron e Lachambre tentaram provar-me que um balão, para ter estabilidade, necessitaria de ter peso. Um balão de cem métricos cúbicos devia ser, além do mais, muito mais sensível aos movimentos do aeronauta na barquinha do que um grande balão de dimensões correntes. (...)

Um fato que mostra até que ponto pessoas competentes podem enganar-se, quando se apegam a julgamentos sumários, é dizer que todos os balões das minhas aeronaves são fabricados com a mesma seda. No entretanto, a pressão interna

---

* *In*: *Os meus balões*. Edição comemorativa do centenário de nascimento de Santos-Dumont. Rio de Janeiro: Biblioteca do Exército, 1973.

que eles têm de suportar é enorme, ao passo que os balões esféricos são todos munidos, na parte inferior, de um orifício que lhes permite alívio.

Depois de pronto, o "Brasil" apresentou cento e treze metros cúbicos de capacidade, o que corresponde, aproximadamente, a cento e treze metros quadrados de superfície de seda. Todo o invólucro pesava apenas três quilos e meio. As camadas de verniz fizeram subir esse peso a quatorze quilos. (...)

Ter manobrado pessoalmente um balão esférico é, no meu entender, preliminar indispensável para adquirir noção exata de tudo o que comporta a construção e a direção de um balão alongado munido de motor e propulsor.

Compreender-se-á, assim, que manifesto grande surpresa quando vejo inventores, sem nunca terem posto os pés numa barquinha, desenharem no papel e até executarem, no todo ou em parte, fantásticas aeronaves, com balões cubando milhares de metros, carregados de enormes motores que eles não conseguem levantar do chão, e providos de máquinas tão complicadas que nada faz marcharem. Os inventores desta classe nunca manifestam medo porque não fazem nenhuma ideia das dificuldades do problema. Se houvessem começado por viajar nos ares ao sabor do vento, enfrentando as influências hostis dos fenômenos atmosféricos, compreenderiam que um balão dirigível, para ser prático, requer antes de mais nada uma extrema simplicidade de mecanismo.

SÉRIE ESSENCIAL

001 Oswaldo Cruz, *Moacyr Scliar*
002 Antônio Houaiss, *Afonso Arinos, filho* | 1.ª ed., ABL, esgotado.
003 Peregrino Júnior, *Arnaldo Niskier*
004 João do Rio, *Lêdo Ivo*
005 Gustavo Barroso, *Elvia Bezerra*
006 Rodolfo Garcia, *Maria Celeste Garcia*
007 Pedro Rabelo, *Ubiratan Machado*
008 Afonso Arinos de Melo Franco, *Afonso Arinos, filho*
009 Laurindo Rabelo, *Fábio Frohwein de Salles Moniz*
010 Artur Azevedo, *Sábato Magaldi*
011 Afonso Arinos, *Afonso Arinos, filho*
012 Cyro dos Anjos, *Sábato Magaldi*
013 Euclides da Cunha, *José Maurício Gomes de Almeida*
014 Alfredo Pujol, *Fabio de Sousa Coutinho*
015 João Cabral de Melo Neto, *Ivan Junqueira*
016 Ribeiro Couto, *Elvia Bezerra*
017 José do Patrocínio, *Cecilia Costa Junqueira*
018 Bernardo Élis, *Gilberto Mendonça Teles*
019 Teixeira de Melo, *Ubiratan Machado*
020 Humberto de Campos, *Benicio Medeiros*
021 Gonçalves Dias, *Ferreira Gullar*
022 Raimundo Correia, *Augusto Sérgio Bastos*
023 Rachel de Queiroz, *José Murilo de Carvalho*
024 Alberto de Oliveira, *Sânzio de Azevedo*
025 Álvares de Azevedo, *Marlene de Castro Correia*
026 Alberto de Faria, *Ida Vicenzia*
027 Machado de Assis, *Alfredo Bosi*

028	Álvaro Moreyra, *Mario Moreyra*
029	Austregésilo de Athayde, *Laura Sandroni*
030	Antônio José da Silva, *Paulo Roberto Pereira*
031	Afrânio Coutinho, *Eduardo Coutinho*
032	Sergio Corrêa da Costa, *Edla van Steen*
033	Josué Montello, *Cláudio Murilo Leal*
034	Mário Cochrane de Alencar, *Flávia Amparo*
035	Alcântara Machado, *Marcos Santarrita*
036	Domício da Gama, *Ronaldo Costa Fernandes*
037	Gregório de Matos, *Adriano Espínola*
038	Magalhães de Azeredo, *Haron Jacob Gamal*
039	Visconde de Taunay, *Mary del Priore*
040	Graça Aranha, *Miguel Sanches Neto*
041	Luiz Edmundo, *Maria Inez Turazzi*
042	Coelho Neto, *Ubiratan Machado*
043	Lafayette Rodrigues Pereira, *Fabio de Sousa Coutinho*
044	Júlio Ribeiro, *Gilberto Araújo*
045	Castro Alves, *Alexei Bueno*
046	Vianna Moog, *Luis Augusto Fischer*
047	Augusto de Lima, *Paulo Franchetti*
048	Celso Cunha, *Cilene da Cunha Pereira*
049	Antonio Callado, *Ana Arruda Callado*
050	Goulart de Andrade, *Sânzio de Azevedo*
051	Araripe Júnior, *Luiz Roberto Cairo*
052	Matias Aires, *Rodrigo Petronio*
053	Pardal Mallet, *André Seffrin*
054	Teófilo Dias, *Wellington de Almeida Santos*
055	Félix Pacheco, *Marcos Santarrita*
056	Tomás Antônio Gonzaga, *Adelto Gonçalves*

057 Gonçalves de Magalhães, *Roberto Acízelo de Souza*
058 Luís Murat, *Flávia Amparo*
059 Olegário Mariano, *Pedro Marques*
060 Otto Lara Resende, *Cláudio Murilo Leal*
061 Raul Pompeia, *Ivan Teixeira*
062 Rui Barbosa, *Murilo Melo Filho*
063 Sílvio Romero, *José Luís Jobim*
064 Vicente de Carvalho, *Ida Vicenzia*
065 Alcindo Guanabara, *Ubiratan Machado*
066 Américo Jacobina Lacombe, *José Almino de Alencar*
067 Olavo Bilac, *José Castello*
068 Lúcio de Mendonça, *João Pedro Fagerlande*
069 Pedro Luís, *Pedro Lyra*
070 Odorico Mendes, *Rodrigo Petronio*
071 Aluísio Azevedo, *Orna Messer Levin*
072 Luís Carlos, *Augusto Sérgio Bastos*
073 Artur de Oliveira, *Ubiratan Machado*
074 Maciel Monteiro, *André Seffrin*
075 Afrânio Peixoto, *Rosa Gens*
076 Franklin Távora, *Cláudio Aguiar*
077 Cláudio Manuel da Costa, *Marcos Pasche*
078 Medeiros e Albuquerque, *Armando Gens*
079 Oliveira Lima, *Rodrigo Petronio*
080 Salvador de Mendonça, *Cecilia Costa Junqueira*
081 Santos-Dumont, *Cláudio de Souza Soares*

IMPRENSA OFICIAL DO ESTADO DE SÃO PAULO

Coordenação Editorial: *Cecília Scharlach*
Assistência Editorial, Revisão: *Ariadne Martins*
Editoração Eletrônica: *Dulce Maria de Lima Pinto*
Editoração, CTP, Impressão e Acabamento: *Imprensa Oficial do Estado de São Paulo*

Proibida a reprodução total ou parcial sem a autorização prévia dos editores

Direitos reservados e protegidos
(lei nº 9.610, de 19.02.1998)

Foi feito o depósito legal na Biblioteca Nacional
(lei nº 10.994, de 14.12.2004)

Impresso no Brasil 2014

Formato: *13 x 18,5 cm*
Tipologia: *Caslon*
Papel Capa: *Cartão Triplex 250 g/m²*
Miolo: *Pólen Soft 80 g/m²*
Número de páginas: *68*
Tiragem: *2000*

Rua da Mooca, 1.921 Mooca
03103 902 São Paulo SP
sac 0800 01234 01
www.imprensaoficial.com.br

GOVERNO DO ESTADO DE SÃO PAULO

Governador: *Geraldo Alckmin*

Secretário-Chefe da Casa Civil: *Saulo de Castro Abreu Filho*

IMPRENSA OFICIAL DO ESTADO DE SÃO PAULO

Diretor-presidente: *Marcos Antonio Monteiro*

CONSELHO EDITORIAL

Presidente: *Carlos Roberto de Abreu Sodré*

MEMBROS

Carlos Augusto Calil
Cecília Scharlach
Eliana Sá
Isabel Maria Macedo Alexandre
Lígia Fonseca Ferreira
Samuel Titan Jr.